山崎 征男

スポーツ新時代へ

―サッカー・野球・テニスに科学の目《アイ》―

東京図書出版

はじめに趣旨を

私には、「スポーツに『広く長く』関わってきた」という思いがあります。

小学生の時、通常の日記に代わって、世のスポーツの動向を記した「スポーツ日記」なるものを学校に提出しました。これは小学校の隣にローマのコロッセオを模した田園コロシアム（東京都大田区、現在取壊し）という競技場があり、そこで例年テニスの国際試合であるデビスカップが行われ、観客の声が授業中の教室にもコダマしていたという原体験と無縁ではありません。

ずっと年を経て、公務員としての社会人後半、仕事でスポーツに携わりました。地方行政（神奈川県庁）ですが、スポーツ推進の責任者となり、国内外の多くの指導者・選手と出会いました。山下泰裕氏（後のＪＯＣ会長）もその一人です。国民体育大会には県の団長として参加し、甲子園予選の参加校がブロック別では全国一であった神奈川県の複数代表を目指す交渉にも当たりました（後に記念大会で実現)。

こうした社会人生活全般を通じ一貫して「**広く長く**スポーツを愛する」という姿勢を持ち続けることができました。

と同時に、公務員生活の中で科学技術の振興に深くタッチしましたので、時代・社会の要請に応じた「スポーツの科学性」ということに関心を持ちました。生来の合理性を追求する習性も加勢してくれました。

スポーツ「技術」の科学性はよく言われます。私が取り上げるのはそこではなく、スポーツのあり方やルールにおける「**スポーツの科学性**」です。

◇

○本書では、伝統もあり普及度の高い、いわば『保守的な』メジャー・スポーツに対し、日頃抱いている疑問・矛盾から、『テーマを絞って革新的な提案』をしました。
○私なりの表現ですが、「科学のアイ――科学の目《アイ》、科学の愛」の力を借りまし

た。同時に、「(安全安心、健康第一で)スポーツ弱者をサポートする」「フェアなルールとする」という点を心がけました(本書の三つのポリシー)。

○当該スポーツに深く関わっている専門家やプレーヤーには、「疑問に感じなかったり、前提として受け入れざるを得なかったり、当事者ゆえに言い難い」こともきっと多いに違いない……、そんな代弁にもなればと思います。

これはあくまで改革の第一歩です。スポーツをしたり、見たり、愛する人に読んで頂き、共に手を携えて進んで頂ければ幸いです。

二〇二四年九月吉日

スポーツ新時代へ❖目次

サッカー

サッカーは楽しいスポーツだ。だが思わぬ危険性も近代科学から指摘されている。それが「ヘディング」だ。大きなリスクが指摘されているヘディングを出来る範囲で避けながらサッカーがプレー出来たら、劇的に新しい楽しさが待っている。その提案である。

「ヘディング」の大きなリスク

神様は人類の頭を創造した時、判断や記憶等の知覚の司令塔として作ったが、ヘディングに使われるとは想定外だった。頭の中の脳ミソは極めて精緻な仕組みで組み立てられ、堅めの豆腐のように柔軟で外部からの打撃には弱い。

サッカーのヘディングは、特に成長期にある若年層には有害であることが医学データからも明らかにされている。首が弱かったり頭や顔を気にすることが多い女性にも（男性も）決して向いているとはいえない。成人であっても、その繰り返しによる脳障害が指摘される。

明確な医学的データから、若年層に対するヘディングの規制が世界的潮流になりつつあるのは、一面喜ばしい。弊害を回避しながら、スリリングなサッカーというスポーツをプレーし、見る楽しみはずっと続けていきたい。

がらっと発想を変えてみる。

ヘディングに代わって、手を使えることにしたらどうだろう。神様は人間に手足を与えてくださった。その「手を使う」のである。ただし無制限ではない。キックによるサッカーの醍醐味をキープしつつ、（ヘディングに代わって）手による「パンチング」を認めるのだ。厳密には、ペナルティ・エリアでは不可とか、手によるゴールはできないとか、少しの工夫は必要だ。

サッカーが、縦横無尽で安全で、よりエキサイトなものになるとともに、女性も気兼ねなく参加できる全員参加型のスポーツになる。

これはニュー・スポーツの提案である。仮に「フリー・サッカー」と命名する。現在のサッカーも否定しない。**サッカーとフリー・サッカーを共存させ、両方が楽しめるようにするのである。**

一、米・英協会での決定

今述べたように、創造主は人間の頭部を設計した時、記憶・判断といった情報処理や感覚・運動器官として機能し、大事な部位なので頭蓋骨で守るよう作られたが、サッカーのヘディングで用いられることなど想定されていなかったように思う。

サッカーのヘディングは、いわば創造主の想定外の使用であり、そのため予期せぬ様々な悪影響を与えている。**それは特に頭脳・身体が発達途上にある若年層に顕著である。**こうしたことから、近年では科学的知見に立ってその危険性を防止・軽減するため、使用の制限等の動きが顕著である。

◇

まず、米国においてである。

サッカーをする少年少女の母親達とサッカー選手達が、ヘディングを放置していることに対し、国際サッカー連盟（ＦＩＦＡ）を提訴したことに起因し、米サッカー協会は二〇一五年画期的な決定をした。

脳震盪に対する安全策として、十歳以下の子供はヘディングを禁止し、十一歳から十三歳までの子供は練習中のヘディングに回数制限を設けた。米国のサッカーの競技人口は世界一といわれており、誠に影響の大きい決定である。

次いで、サッカー誕生の地・英国である。後述するグラスゴー大の研究発表等を受け、イングランド協会は二〇二〇年二月、十一歳以下はヘディング練習を原則禁止する指針を定めた。このことは、欧州連盟に波及し、同年六月ユース年代でヘディング練習を制限することとされた。

これらを受け日本サッカー協会も、二〇二二年、幼児期から十五歳迄のヘディング指導について、緩いながらも指針を策定するに至った。

二、ヘディングの及ぼす影響

こうした各国の協会の動きは、実際に起きているヘディングによる諸々の弊害・リスクや、科学的研究に応じたものである。

まず、身近なところでは、コーチや専門家は体験的に、次のように話す。

「子供の場合、ヘディングによって数日間頭痛が続いたケースや、二～三週間健忘症が続いたケースが報告されています。試合の後に頭痛やめまいが続く、目がかすむ、家で落ち着きがないという子供に関しては、症状が治るまで待ってプレーさせたり、ヘディングを禁止するという対応が必要と思います」

また「シュートに対するクリアやクロスボールは頭への衝撃が強く、部分的な記憶、注意力、思考スピードの低下が生じます」と指摘する。このような衝撃を与えるが、直ちには顕在化しない脳震盪は「亜脳震盪」と呼ばれる。亜脳震湯を繰り返すと、脳の障害につながる可能性がある、と指摘する専門家（医師、コーチ等）は多い。

◇

実際の衝撃はどの程度のものであろうか。一流選手のキックしたボールのスピードは、時速九〇～一五〇㎞に及ぶといわれている。この瞬間的な衝撃は、四〇～五〇Gに及ぶといわれる。我々が体験するジェットコースターの加速が三G程度、F1レーサーが体験するブレーキ時・加速時・コーナーリング時の加速が四～五G程度であるとするデータもあり、これらと比較すると如何に強い衝撃が加わるかが分かる。

◇

こうした衝撃がもたらす影響について、医学界はどう捉えているだろうか。
二〇一一年に北米放射線学会で次のような報告がされた。

ヘディングを成人のアマチュア選手が長期にわたって行うと、記憶力に影響を及ぼす脳損傷につながる可能性が高い。具体的には、年間一三〇〇回以上、一日当たり数回行った人は、注意や記憶、計画、体系化、視覚を司る脳の領域に損傷を受ける可能性が高まった、という。

これを発表したリクトン博士によると、ヘディングの回数と頻度が多いほど、脳内の各部位へ信号伝達する役割の脳白質に変化が生じ、認知能力の障害につながる可能性が高まるという。

同様の研究報告は、恐ろしいことに、数多い……。

別の角度からの発表もある。カリフォルニア州立大学ロサンゼルス校のジョージア教授によれば、オランダで五三名のプロサッカー選手と三七名の一流水泳選手・陸上競技選手を比較したが、そこでもサッカー選手が、記憶力、立案力、認識力の点で他競技の選手と比べて劣ることが明らかになった、という。要するに「頭脳に影響する」というのだ。サッカーやヘディングへの揶揄と看過するには、あまりに重大な報告である。

こうした従来からの研究報告に加え、二〇一九年英国グラスゴー大学等の研究チームの報告が、ヘディング並みの衝撃を関係者に与えた。

研究チームは、スコットランドの元プロサッカー選手七六七六人について、年齢構成等を勘案した二万人以上の一般人と比べた。

対象とした元選手のうち、死亡していた一一八〇人の死因を分析した結果、神経変性疾患で死亡するリスクは一般人の三・五倍だった。病気別では、アルツハイマー病で五・一倍、アルツハイマー以外の認知症で三・五倍、パーキンソン病で二・二倍というデータが報告された。

こうした研究報告もあり、先述のように、イングランド協会ではヘディング規制の指針を設け、その影響がヨーロッパ連盟にも及ぶこととなったのである。

三、規制への賛否と日本の対応

アメリカにおいてヘディングの若年層への自粛方針が発表されるやいなや、国内外のサッカーファン層から、直ちに痛烈な批判が起こった。

サッカーは情けない奴がするスポーツではない。

国際社会でのアメリカサッカーの終わりを意味する。

正気か？　アメリカはサッカーを台無しにしたいんだな。サッカーはヨーロッパに任せておけ。

サッカーは悪だけど、銃はいいのか……。

◇

こうした規制直後の批判は、必ずしも正鵠を得ていない。記述した通りヨーロッパでも追随の動向は見られるし、アメリカでのサッカー人気の低下は見られない。

さらに敷衍するならば、サッカーは一部の選手のみが愛好するスポーツではなく、自らプレーする人々の多いスポーツである。はるか遠くローマ時代に大きな娯楽であった闘牛のような見世物ではなく、より健全なスポーツとして、一般人がボール一つでプレーを楽しむことができる道を探ることも大切なことである。

ヘディング規制の賛否を考えるにあたり、ある有名な選手の一言は重みがある。その人は、英国のプレミアリーグの元スター選手、ライアン・メイソンである。彼は二〇一七年に相手チームの選手と空中で衝突して頭蓋骨を骨折し、一四枚のプレートを頭部に埋め込むことになり、引退を余儀なくされた。彼は語る。

「一〇年後、一五年後にヘディングが試合で禁止されていても、私は驚かないだろう。サッカー選手がヘディングによるダメージをきちんと認識しているとは思えない」

◇

アメリカやヨーロッパのヘディング規制の動向に対し、日本の対応はどうか。日本サッカー協会は、二〇二一年五月に「育成年代でのヘディング習得のためのガイドライン」を発表した。一律禁止はせず段階的指導を行う。すなわち、小学生・中学生を学年別に分けて、練習の指針を作成した。育成期に限ってであるが、ようやくヘディングのリスク軽減の方向に踏み出したといえる。

四、新しいスポーツとしての、フリー・サッカー

以上見てきたように、ヘディングには大きなリスクがあるが、そのリスクを軽減し今のサッカーに一層スリリングな展開が図れる「手も使えるサッカー」（フリー・サッカーと命名しておく）を提唱したい。

これは歴史と人気のあるサッカーのリスク逃れの単なる弥縫策《びほうさく》ではない。「手足を動かすという人間本来の機能」をより発揮できるようにする新しいサッカーの提唱である。概要を記す。

1　プレー人数、競技場、競技時間は現サッカーと同一とする。

2　異なるのは、全てのプレーヤーがペナルティ・エリア以外のエリアで、手を自由に使えるものとすることである。ただし使えるのはパンチングに限

定し、ボールをホールドしたり、持って投げるのは不可とする（ホールドは、現行のバレーボールでも反則であり、判定が可能である）。またゴールは従来通り蹴り込むかヘディングとし、パンチングによるゴールは認めない。**要は、ペナルティ・エリア外とゴール得点以外はヘディングに代わって、パンチングを有効とする。**

3　同一選手は連続してパンチングはできない。同一選手が連続してボールにタッチすることは可能であるが、パンチングの後は必ずキック等を挟む。これは同一選手によるパンチングのみの移動を防ぐためである。

4　オフサイド等2・3で記した以外のプレールールは、現サッカーと同一とする。

◇

ポイントは、ゴールへのシュートとペナルティ・エリア以外では、全てのプレーヤーがパンチングにより手を使えるということで、ヘディングによるリスクを軽減すると共に、手を使うという人間本来の行動に近づき、手から手へのパス等空中戦の多いビビッドなボールゲームの展開が期待される「ニュー・スポーツの提案」である。

第一に、このニュー・スポーツは、まずは成育途上期にある児童・生徒や、女性に大きな福音になる。ヘディングが嫌でサッカーを遠ざけていた人や、いやいやヘディングに取り組んでいた人々にとってはこの上ない提案であろう。筆者は生徒時代にラグビーに授業で取り組んだが、タックルが危険であるということで、相手へのタッチがタックルと同等であるというルール（タッチフットと教わったが）でプレーをした。これは危険回避のルールであったが、ラグビーの面白さは知ることができた。

第二に、正にサッカーを享受している青壮年世代への福音でもある。サッカーは、手に比べ極端に足への比重が高いスポーツである。ランニングは勿論のこと、キック主体になるので、キックや接触プレーで足に負担がかかる。そのため足に負傷をするケースが他のスポーツより極端に多い。

多くの怪我の一例として、「ヒザ前十字靭帯損傷」というものがある。キックや他人との接触によって、ヒザの十字靭帯を損傷するもので、損傷の間ヒザが抜けたり、十分な歩行ができなくなる。この損傷は、最近一流プロプレーヤーに頻出し、主力選手がこの損傷で抜けチーム力が低下する事例が散見される。サッカーだけではないが、サッカー選手に多い職業病のようなものだ。

これも、ヘディングに代わり手が使えるようになれば、足に頼りがちなプレーを代替できる。足と手を十分に使うという**人間本来の機能が発揮できる**ため安全で健康的なスポーツに近づくという大きな効果が期待される。

◇

もう一度まとめると、**「フリー・サッカーは、単にヘディングのリスク回避だけでなく、人間本来の機能を十分に活用し、スピーディでスリリングな試合展開をもたらすニュー・スポーツである」**といえる。

細かなところで詰めるべきところは多々予想されるが、それは今後実践の中で詰めていけばよいと考える。小学校・中学校・高校や女性の指導者たちが、このニュー・スポーツを試し、その面白さ・利点を大いに実感し啓発してほしいと願っている。

この提案は、現在のサッカーの否定ではない。現在のサッカーもフリー・サッカーも共存可能と考えている。多くの人々がフリー・サッカーが安全で面白いことに気づけば、実践を積み重ねる中で様々な課題を克服していくことができると確信している。

特別挿入【短編SF（サイエンス・フィクション）】

「ビバ！ フリー・サッカー」

本編は、手を使ったパンチングを一定範囲で認めていく新たなスポーツ「フリー・サッカー」の魅力を知って頂けるよう、サイエンス・フィクションとして描いたもので、ここに特別に挿入します。いわば本書の、番外編です。

一、金井伸子とその息子

金井一夫はとても利発な子だった。金井伸子の唯一人の子供である。金井伸子の生涯はとても波乱に満ちている。

金井伸子は、男女を問わず、当時高等教育に進む子弟が少ない中で、女子高等師範（今のお茶の水女子大学）に進学、第二次世界大戦の機運高まる中卒業した。卒業後は多くの同級生がそうしたように教職の道に進み、地縁のある神奈川の地で、鎌倉高等女学校に赴任した。

まもなく伸子は、親の勧めで、昭和十五年に金井政治と結婚し、昭和十八年には、長男一夫が誕生した。

やがて終戦を迎えたが、戦後まもなく一家にとって思いがけない不幸が待ち受けていた。夫政治が大喀血し、横浜市保土ヶ谷の療養所に長期入院の羽目になったのである。政治は生来の無精もあり、数年間の療養生活の後自宅に戻ってからも、持病をいいことに、終生仕事には全く就かず、髪結いの亭主を決め込んだ。当時では、こうした生き様は稀有であった。

いよいよ伸子は、家族三人を自分の手で養っていかねばならない境遇になった。鎌倉から転じ、横浜市の公立中学校の教壇生活が始まった。

昭和三十年代は、伸子が希望と絶望のドン底を味わう時期となった。夫は結核が本復しないこともあって、若干の家事手伝いの他は、碁会所通いの毎日だった。そんな夫を抱える伸子の希望の源泉は、唯一の子供一夫の成長と、徐々に周囲に存在を認められつつあった己の教育にかける情熱だった。

一夫は、決して普通とは言えない家庭環境の下でも、すくすくと順調に成長した。身長も小学校の高学年から男子の中ではクラスでダントツになった。

中学は、横浜市内で名門校とされていた横浜国大付属中学に進学した。この付属中には、勉強の素質のある連中が集まっていたが、学校は勉強だけに偏ることなく、体の鍛錬の方にも随分気を配った。

当時東京湾内の本牧は海水の汚染度合いも低く、格好の海水浴場であり、学校からそう遠くないこともあって、本牧沖で体育の一環として水泳が行われた。体育の先生の授業は厳しかった。漁船に生徒達を乗せ、遥かに背の立たないところで生徒を海に突き落とす。泳げない生徒は必死に犬掻きでもがき、漁船や海辺へ命からがらたどり着く。こうして体で泳ぎを覚えさせるのだ。

「お母さん、今日二十メートル泳げるようになったよ」

「平泳ぎで五十メートル泳げるようになった」

こんな報告を聞く度、伸子は心の支えが大きくなっていく感覚を覚えた。体も背だけヒョロヒョロ大きかったのが、日焼けして逞しくなっていった。

体の成長とともに、頭脳の方も磨かれた。高校は、神奈川県下で公立最難関とされた湘南高校に進学した。

一夫は昭和三十四年の桜が満開の日、晴れて藤沢市にある湘南高校の門をくぐった。

あまりに突然の凶報が金井家を襲ったのは、入学式が済んで一週間足らずの日だった。中学校で勤務中の伸子のところへ、在宅の夫から緊急の呼び出し電話が入った。湘南高校から、息子さんの容態が急変したので、至急来校されたいと連絡がきたというのだ。取るものも取りあえず二人は学校に急いだ。両親とも異常な胸騒ぎを覚えた。一体、何があったというのか。

高校でアクシデントが生じ、病院に担ぎ込まれた一夫に両親が対面したときには、一夫の体は既に冷たく帰らぬ人になっていた。

高校に入り、一夫はすぐに部活に中学時代から親しんでいた柔道部を選び、当日入部二日目の練習だったが、練習中気分が悪くなって倒れ、そのまま息を引き取ったのである。

あまりに突然の出来事だった。原因は心不全という診断だったが、脳に打撲で何らかの障害が起き、それが結果として心不全につながったらしい。実は一夫はこの日の朝、背の高いこともあって、自宅で鴨居に頭を強烈に打ち付けていた。このとき頭部に安静が必要な状態が生じていた。本人はそのことを自覚せず、学校でこうした状態にある彼にとっては過激な運動を行い、脳の打撲による異常が引き金となって死に至った、ということは両親の必死の究明で後刻分かった。権威ある病院の医師からの説明があった。

この不幸な事件は、翌日朝礼で全校生徒に伝えられた。ただ、部活との因果関係には全く触れられず、体調不良ということで。彼を知った子の頬に涙が流れた……。入学早々の事故ということで、当時でもめったにないことだったので、ベタ記事ではあったが、新聞各紙にもこの出来事が報じられ、しばらくは関係者の話題になった。

二、ヘディングへの警鐘

亡くなった金井一夫と同じ年齢の従兄弟に山川広志がいる。広志の母登美子と一夫の母伸子が姉妹という関係だ。母親同士は仲は良かったが、お互いの子供については、自慢のライバルでもあった。

広志は大学卒業後、行政運営に関わりたいという思いと地域に根付いた仕事をしたいとの希望で、神奈川県庁の職員になった。

広志は、県の長期計画づくり、科学技術振興、行政改革等様々な分野に携わり、定年間際には、教育庁（法的には教育委員会という）社会教育部長を務めた。この職は、学校教育以外の教育——生涯学習といわれる——や文化財保護、美術館・博物館運営等の文化行政、体育・スポーツ振興等を守備範囲とする。行政には珍しく、イベントの開催や県民に楽しい施設を公開したりするいわば花形の職場である。

彼が体育・スポーツ振興の県の責任者であった平成年間の早い頃、児童・生徒のスポーツへの関心は、従来の野球からサッカーに移りつつあった。全国の中学・高校の部活動入部者の一番人気が初めてサッカーになった。サッカーのJリーグも誕生した。日本サッカーの夜明けである。

神奈川県でも、サッカーは生徒間で急激に人気を高め、高校選手権の参加校数が、二百校を超え、県大会を勝ち抜くことが至難のワザとなった。一方地方の県では、参加校数が三十校程度のところもあり、都道府県の代表に辿り着くまでの格差が問題となった。

神奈川県代表を、例えば東西に分けて二校とすべきである、という声が県内の高校から澎湃として起こり、世論や県当局を動かした。

広志は県のスポーツ行政の責任者として、高校サッカーの運営の全国の元締めである連盟の川口会長の元を訪れた。

「神奈川県では、八回勝たないと県の代表になれないのです。一方で四回勝てばいい県もある。生徒の意欲に報いるためにも、県代表を二校にしてもらえませんか」と何万通もの署名を味方に、強く懇願した。

「都道府県の代表はあくまで一校です。それにこれ以上代表校が増えると、国立競技場を始めとする競技場の確保や日程の問題もあり困難です。日程が長引くと生徒の健康上もよろしくありません」と会長に一蹴されてしまった。

役人時代の広志とサッカーの縁には、こうした無念の思いが残る。

◇

舞台は大きくワープする。

時も二〇一〇年代、場所もアメリカである。

《二〇一五年、米サッカー協会が画期的な決定をした。脳震盪に対する安全策として、十歳以下の子供はヘディングを禁止し、十一歳から十三歳の子供は練習中のヘディングの回数に制限をかけるという。この「お触れ」は協会傘下の団体に適用され、それ以外は推奨という形になった。》

何しろ米国のサッカーの競技人口は世界一で、ユースだけで三〇〇〇万人とも八〇〇〇万人ともいわれる。世界に目をやればサッカー人口は二億四〇〇〇万人以上で、誠に影響の大きい決定だ。

そもそもこうした決定に至ったのも、サッカーをする少年少女の母親達とサッカー選手が前年国際サッカー連盟（ＦＩＦＡ）を提訴したことに起因する。何でも訴訟にするアメリカならではの背景もあった。ヘディングによる脳への悪影響を示す証拠が増える中で、脳震盪に対する効果的なガイドラインの採用を怠っている、との主張だ。

ヘディングはそもそも脳障害リスクの高い技なのか。サッカーは、ゴールキーパーやスローインを除いて、手でボールを扱えないことから、あらゆる場面で頻出するプレーだ。一般に首を固定して額の位置でボールを当てるが、飛んでくるボールによってはその衝撃は半端ではない。

一流選手の蹴ったボールの球速は、時速九〇キロから一五〇キロに及ぶことがある。こうしたボールが後頭部や側頭部に当たって頭が強く揺さぶられると、四〇～五〇Gの力がかかる。一般的なジェットコースターの最大値が三G、F1のブレーキ時・加速時・コーナーリング時が四～五Gといわれる。

いかに大きな力が瞬間的に頭に襲いかかることか。

もとより創造主である神様は、人間の頭を設計した際、考えたり、五感が働くようには作られた筈だが、単に人間の前後の区別のためだったり、帽子を被るためだったり、ましてヘディングを想定して作られてはいない。人間の想定外の利用法が、脳損傷という大きなリスクを生じさせたのだ。

◇

そもそもサッカーとヘディングが引き起こす脳震盪との関係はどんなものなのか。因果関係が医学的に明らかにされているだろうか。

北米放射線学会では、二〇一一年に次のようなことが発表された。

《ヘディングを成人のアマチュア選手が長期にわたって行うと、記憶力に影響を及ぼす脳損傷につながる可能性が高い。具体的には、年間一三〇〇回以上、一日当たり数回行った人は、注意や記憶、計画、体系化、視覚を司る脳の領域に損傷を受ける可能性が高まった。

これを発表したリクトン博士によると、ヘディングの回数と頻度が多いほど、脳内の各部位へ信号伝達する役割の脳白質に変化が生じ、認知能力の障害につながる可能性が高まるという。》

同様の研究報告は、恐ろしいことに、数多い……。

《別の角度からの発表もある。カリフォルニア州立大学ロサンゼルス校のジョージア教授によれば、オランダで五三名のプロサッカー選手と三七名の一流水泳選手、陸上競技選手を比較したが、そこでもサッカー選手が記憶力、立案力、認識力の点で他競技の選手と比べて劣ることが明らかになった、という。要するに「頭脳に影響する」というのだ。サッカーやヘディングの揶揄と看過するには、あまりに重大な報告である。》

◇

こうした医学的な検証もなされる一方、米サッカー協会の若年層へのヘディング自粛の方針には、サッカーファン層から、直ちに痛烈な批判が起こった。

サッカーは情けない奴がするスポーツじゃあない。

国際社会でのアメリカサッカーの終わりを意味する。

正気か？　アメリカはサッカーを台無しにしたいんだな。サッカーはヨーロッパに任せておけ。

サッカーは悪いけど、銃はＯＫなのか……。

伝統を守るか、時代とともに変えていくか。サッカーやヘディングは勝敗を分ける技術であるとともに、一つの文化の継承をめぐる人々の葛藤でもあった。

三、フリー・サッカーの提案

山川広志は仕事の第一線を退いたのち、県の体育協会に顔を出し、また地域のスポーツ指導員のリーダーとしてスポーツ振興と関わっている。広志には一人の息子がいる。その息子賢二は、大学は高田馬場にあるマンモス私大に進んだ。進学早々、マスプロ的で一方通行の授業に失望し、大学の授業にはあまり出席しない日々が続いた。

常駐の場の一つは、大学傍の喫茶店になった。平成十年代の頃である。喫茶店では、サザンや浜崎あゆみ、宇多田ヒカルの曲が心地良く流れていた。

何故彼がこの店にしょっちゅう顔を出すのか。それは暇もあったが、よく来るお目当ての女子学生がいたからである。長い黒髪、エクボが可愛く、上品な話しぶり。彼はやがて虜になった。

幸い彼女も同じ早大生と分かり、話もする仲になった。名前を山田優子といった。書道好きという一見古風なところも気に入った。交際も、つき合いの程度を示す隠語でいえばAやBまでいったが、そのうち豪腕のイケメンの学生に獲られてしまった。

落ち葉も少なくなった初冬、肩を丸めた彼の姿が高田馬場界隈で散見された。傷心の彼は、やっと真面目にキャンパスに戻らざるを得なかった。

彼は卒業すると、神奈川県の高校教師の道に進む。教員の研究大会での発表が注目され、県の教育庁への転勤のお声が掛かった。教育現場から行政への仲間内でいう「上がり」である。

彼はその行政手腕も認められ、県教育庁スポーツ課の課長補佐になった。二〇一〇年代後半の頃だ。家庭の方も恵まれ、海人という一人息子を授かっていた。

◇

賢二の父広志は、己の学校時代、勤務の時代、今地域でスポーツ指導に当たる時代を通じて、サッカーで一般的に手が使えないこと、代替としてヘディングがあることに、ある種の違和感を覚えていた。

広志にはサッカーのヘディングに関し、忘れえない思い出がある。

広志は公務員には珍しく、マスコミ、特に新聞記者との付き合いが深い。その中に、県庁詰めの大手新聞の中堅記者・中野がいた。広志からすれば、外野から行政の評価など日頃の仲間と全く異なる立場からの話が聞けるし、中野にとっても広志は貴重な情報源の一人だった。

二人はたまに、お互いの仕事場から徒歩で行ける桜木町にほど近い野毛で飲み交わすことがあった。路地も狭く、軒と軒が触れ合うような赤ちょうちんが連なる「場末の」飲み屋街である。

いつもはひょうきんな中野であるが、この夜は少し違っていた。

「山川さんは、日頃はスポーツをするの？」

「テニスは年中いい息抜きでしてますよ。中野さんはいい体しているけど、学生時代何かやっていたんじゃない？」
「サッカーをしてたんだ。当時はのめり込んでいた。ヘディングのやり過ぎの影響と思うけど、今でも後遺症に悩んでいる。時々ふらついたり、頭痛のような症状に見舞われる。子供には、サッカーだけは絶対やらせたくないなー」

中野はかなり深刻な表情だった。そういえばロレツが怪しくなることがある。そんなことが関係しているのかなあ、広志にはこの時の中野とのやり取りが鮮烈な記憶として残った。

何より、広志は高校入学早々、金井伸子の愛息で秀才の従兄弟・一夫を失っている。部活――柔道であったが――の練習時に、頭への打撲が原因で即日亡くなった。以来頭を護る大切さは、嫌というほど彼の脳内に叩き込まれていた。

◇

こうした原体験を持つ広志にとって、ヘディングに警鐘を鳴らす研究報告や欧米サッカー協会での若年層への規制の動きは、久しぶりに彼の心を揺り動かした。

折角神様から手を授かっているのに、それを使えないのは何とも不自然ではないか。いっそ、サッカーを改良?し、手も使えるスポーツとしたらどうか。これほど歴史と人気のあるサッカーに反逆を企てた。

広志は、息子や関係者と相談しながら、「手を使えるサッカー」の骨子を立案した。

人数や競技場、競技時間は従来のサッカーと全く同じものとする。

異なるのは、全てのプレーヤーがペナルティ・エリア以外のエリアで手を自由に使えるものとすることである。但しパンチングだけで、ボールをホールドしたり、持って投げるのは不可とする。またゴールは従来通り、蹴り込むかヘディングとし、パンチングによるゴールは認めない。要は、ペナルティ・エリア以外のプレーとゴール以外はヘディングに代わって、手のパンチングを有効とした。

他はオフサイド等、プレールールはすべて従来通りとする。こんなコンセプトになった。

最大の課題は、人々がこうした提案をどう受け止めるかである。プレーヤーやファンの支持を得られる確信は全く無かった。

◇

広志は「手を使えるサッカー」の認知に向け啓発戦略を練った。ここで思わぬ人脈が生きた。

全国高校体育連盟（高体連）の会長が何と神奈川県教育庁時代に、同胞としてスポーツ課に在籍していた大野先生だったのである。神奈川県は体育の先進県ということで、その後県の教育庁の幹部になった大野先生に高体連会長の白羽の矢が立ったのだ。

奇遇といえば奇遇である。二〇一〇年代のある日、広志は、息子の賢二を始め教育庁の関係者を引き連れ、高体連の会長室を訪れた。

「大野先生、本当にお久しぶりです。高校生の健康保持のためにも、手を使えるサッカーの啓発にご協力いただけませんか」と切り出す。

「手を使えるサッカーですか？　どんな狙いですか？」

「何といっても、ヘディングによる脳損傷を著しく減らすことができます。女性や子供に大きな福音となります」

「でも軟弱になって、面白さが減りませんか」

「むしろ逆なんです。プレーがスピーディになり、得点機会が増え興味が高まります。少なくとも、観客が九〇分も見ていて、〇対〇といったゲームは激減するはずです」

「どんなスタイルになるんですかね」と会長は半信半疑だ。

「手を使いパスができるので、多彩な技、トリッキーなプレーも可能になり、ゲームの興趣が増します。何より人体に自然なんですよ」

広志が強調すればするほど、会長は疑問点を並べた。ただ最後に一言付け加えた。

「ラグビーも若年層にはタックルが危険で、タックル抜きのタッチフットというルールがあります。山川さんの折角のご提案なので、内部でもんでみましょう」

四、フリー・サッカーが全世界で開花

ラッキーなことに高体連会長が動いてくれた。この普及啓発に高体連が全面的に協力してくれた。手を使えるサッカーは、やがて学校・社会人を通じ、その利点と面白さが認識され、十数年のうちに日本全国に普及していくのである。

国外でも人脈が役立った。広志は神奈川県庁企画部の幹部だったころ、所掌していた科学技術振興の関係で、ニューヨークのコロンビア大学に神奈川県が研究投資をする仕事に携わった。この時コロンビア大学側の窓口であったプリスロー教授の子息が、今では米国サッカー界の指導者になっていた。この息子もまた、米国での啓発に全面的に協力してくれ、「手を使うサッカー」が米国でも急激に市民権を得たのである。

二〇四〇年代には、全世界で、従来型サッカーと「手を使うサッカー」が同等

の普及を見るまでに至った。

この頃広志の世代は終わっていたが、息子賢二達によって、新しいサッカーは和製造語で「フリー・サッカー」と命名されていた。

◇

フリー・サッカーが世界的な市民権を得た二〇三〇年代の半ば、これを推進した人々が「日本スポーツ文化功労賞」に選出された。

民間では最も権威あるスポーツへの表彰であり、授賞式の後、主催の新聞社社長と受賞者代表の山川賢二が社長室で対座した。

社長が祝意を口にする。

「フリー・サッカーは素晴らしい提案であり、全世界に定着しつつありますね。一言でいうと、従来型とどう変わったと思われますか？」

「何よりプレーが多彩になりました。従来は地表を這うグラウンダーが多かったのですが、手を使ったパスによる空中戦が多くなり、見た目も華やかで面白くなりました。地上戦と空中戦の乱舞とでも申しましょうか」

「山川さんは表現がうまいなあ。選手の役割や作戦も当然変わったのでしょう」

「一人で手足を使いパスもドリブルも出来るので、一人のキープ率が高くなりました。守りと攻撃が出来る選手、いわば『チョウのように舞い、ハチのように刺す』選手がエースです。作戦も豊富になりました。例えば手のパスができるので、サイドチェンジなんかが、正確に容易に出来るようになりましたから」

「選手の日常も変わったのでしょう」

「勿論です。トレーニングに腕を鍛える必要が増えました。長身の選手だけでなく、普通の体格でも、活躍の場が増えました。女子の参加も多くなり、ユニフォームがファッショナブルになりました。過激でセクシーな服装も現れ、それ目当てのファンも増え、正直困惑もあります。数十年前のテニスやゴルフを彷彿とさせます」

社長も笑いながら、相槌を打つ。

「経済・社会の面からも大変革を感じますよ。サッカー人口が二〇年前の二倍になり、町の中心部にフリー・サッカー広場が急増しています。私はよくヨーロッパに行きますが、大きな町には皆中心に広場があります。日本では、フリー・サッカー広場がその代わりになりつつありますね。トトカルチョも一層盛んで、政府、自治体の有力財源です。フリー・サッカーは、人々、社会のライフ・スタイル、町の姿を激変させた起爆剤でしたね」

◇

賢二は、このようにフリー・サッカー推進の中心人物になっていた。五十代を迎えており、家庭では息子海人が、大学・社会人と日本を代表するサッカー選手に成長していた。

ある時海人が心に決めた女性を紹介したいといって、家庭にお嬢さんを連れてきた。名は美智という。長い黒髪、長い睫毛のエクボの可愛い娘である。賢二は対面するなり思わず息をのんだ。

「お母さんの元の姓は何というの？」

「山田と申しました」
「どこにお住まいだった？」
「横浜市の日吉と聞いていますが」
えーっ！、賢二は絶句した。いろいろ聞いて、驚愕の事実が判明した。かつて大学時代賢二を袖にした山田優子の娘だったのだ。賢二はあまりの奇遇に天を見上げるとともに、当時の優子とウリ二つの娘に、年甲斐もなく、うれしいような悲しいような甘酸っぱい心の高鳴りを覚えるのだった。

（系図）

登美子―――**山川広志**（神奈川県庁）―――**賢二**（教師・教育庁）―――**海人**（サッカー選手）

〈姉妹〉　〈従兄弟〉　〈一時恋人〉　〈婚約者〉

金井伸子（教師）―――**一夫**（高校で事故死）　**山田優子**―――**美智**

◇

二〇四〇年代も後半を迎えている夏の一日、世界的市民権を得たフリー・サッカーは、ワールドカップを日本で開催するまでになった。

ここは横浜国際総合競技場である。二〇〇二年には従来型サッカーのW杯決勝が開かれたグラウンドである。このナイターの灯に照らされた緑鮮やかなピッチに賢二の息子海人が先発メンバーとして立っている。

相手はアメリカである。七万人もの観衆が見守っている。その中にはフィアンセの美智が、可愛いオチョボ口を精一杯広げ、声援を送る姿もある。開始の笛が吹かれた。ざわめきで笛がよく聞き取れない。敵陣で日本のボールが躍動する。蹴る方が距離は出るが、パンチングの方がパス回しのコントロールが確実だ。パンチングによるパスが続く。まるでバレーボールや水球を見ているような感じさえする。

MFの海人は、回ってきたボールをFWの中村にパンチングした。中村はそれを小さくトラップすると、足でゴールに蹴り込んだ。スピードのあるパス回しだったので、米国守備陣は反応し切れない。中村の一閃がゴールネットを揺らした。

大観衆の合唱がうねりとなって会場にこだまする。日本の先制点だ。この試合は、地上戦と空中戦が火花を散らし、点の取り合いになった。

◇

この試合には、VIP席に日本の吉田首相も観客の一員として来ていた。早大出身で無類のサッカー好きとして知られている。超多忙ではあったが、フリー・サッカーW杯の重要な一戦で、居ても立ってもいられず、やり繰りして横浜の会場に足を運んだ。日本のチャンスやピンチに、周りの人が驚くような大声で声援を送った。

この一戦は、全世界に同時放映されている。

アメリカでは、朝早い時間帯だったが、ジョン・F・ケネディの血を引くジョージ・ケネディ大統領が、テレビを食い入るように見つめていた。当日は遊説に出発する予定だが、ギリギリまで観て米国を応援しようという腹積もりのようだ。

傍らには遊説に同行するプリスロー大統領補佐官（コロンビア大プリスロー教授の息子で、兄はアメリカでフリー・サッカーを普及させたサッカー協会の重鎮）が、こちらは試合進行と大統領の出発時間の兼ね合いにハラハラしながら見守っていた。

イギリスでも多くの国民が注視していた。ただ、かなりの人々の関心は、試合のカケにあった。昼下がりであったが、ロンドンのブックメーカーの周りには、カケの参加者が大勢たむろしていた。カケ率はアメリカ優勢となっていた。多くの人はオンラインでベット（賭け）していたが、熱心なベット参加者が、こうしてブックメーカーの周りに集まっていたのだ。ベットは試合中も有効で、どちらかの得点の度にどよめきと共に、ベット率も変わり、参加者の喜怒哀楽を映し出していた。

純粋にフリー・サッカーを楽しむ人や必ずしもそれだけではない様々な人々の思惑を乗せて、試合は三対三で後半に入っている。

◇

日本チームのパンチングを多用したパス回しが、今日は特に有効だ。小野から本田、中田へとアメリカのディフェンスをかいくぐり、華麗にパスが回る。身長では劣るものの、パスの的確性は互角以上である。

中田のボールはＦＷの釜本に渡った。アメリカのディフェンス陣が中田に引き付けられ、釜本の前にオープンスペースができた。そこを釜本が突き進み、ペナルティ・エリアの直前から強烈な右足シュートを放った。

ゴールの左上隅に放物線を描いていく。アメリカの名キーパーのブッフォンが飛びつくが、右サイドに寄っていたため、見事にゴールネットを揺らした。

四対三で下馬評を覆し、日本のリードである。

アメリカがこのまま引き下がるわけがない。ロナウド、ロナウジーニョ、メッシの強力軍団が日本のディフェンス陣に襲いかかる。彼らは、チームプレーもすごいが、個人技が卓越している。怒濤の圧力で脚力、パンチングを駆使し、日本のディフェンス陣を混乱させ、たちまち二ゴールを奪った。日本もラッキーなペナルティ・キックで一点を返し、五対五のまま九〇分が経過した。延長戦だ。

観衆に誰一人帰るものはなく、立ったり座ったりをせわしなく繰り返し、この世紀の熱戦に見入っていた。

試合は、アメリカのＭＦ、ＦＷ陣が壁のように押し寄せてくるのに対し、日本はパス回し等の技で何とか対応している流れだ。

延長前半もこの流れは変わらず、アメリカは攻撃陣一体となった怒濤の寄せで一点を入れ、日本もアメリカの守備ミスで一点を返し、六対六で延長後半に入った。明らかにアメリカが押している。

両軍の選手の疲労はピークに達し、一方疲れ知らずの観衆の興奮もこれまたピークを極めた。競技場全体が、『あたかも現実世界とは別世界の空間』のような異様な空気で満ちていた。

延長後半も半ば、日本がコーナーキックを得た。皆が期待し、本人も気合十分である。キッカーはお決まりの中村だ。

「さあ、行ってこい」

中村はそう叫んでカーブボールを蹴った。密集を避けたエリアにボールはカーブし、そこに釜本が待っていた。彼のヘディングはゴールポストの右をわずかに外れ、ボールはゴールラインを正に割ろうとした。ただ瞬時に海人がそのボールに飛びつき、アウト寸前でセンタリングを返した。そのボールを中田がボレーシュートし、ネットに突き刺さった。選手も観衆も歓喜のルツボの中だ。

だが待てよと、アメリカがゴールラインの外から海人がセンタリングしたと猛烈に抗議。観衆は「ブー」「ブー」の嵐……。審判団は映像判定を認めた。テレビでも何度も映像が繰り返された。判定は、数ミリほどボールがゴールラインにかかっているという結果になった。

ゴールである。審判のゼスチュアで競技場全体に歓声が地を裂く地鳴りとなって響いた。

これが後日「海人の二ミリのキック」と語り継がれることになった折り返しのキックである。

試合は、七対六で日本の勝利となった。日米戦の帰路夜も遅くなっていたが、多くの観衆の顔は満ち足りていた。日本が勝ったこともあるが、ゲームそのものがスピーディで得点が多く、面白いのだ。手も足も、人間の五体を使う。体全体を使うスポーツ芸術ともいえる。

実はフリー・サッカーは従来型と比べ、得点率が高い。従来型のW杯での一試合当たりの総得点は、二点台（ちなみにかなり以前の二〇一四年W杯リオ大会は一試合当たり二・七点）と低い。なかなか得点が入らない上、テレビ観戦ではちょっとトイレに立った隙に得点されてしまった、と嘆かれる。

フリー・サッカーはボール回しや攻守の転換が早く、W杯での得点も一試合で五点台と、興奮を何度も味わうことができる。

フリー・サッカーW杯日米戦の翌日、海人や美智を囲んで親しいものだけのパーティが開かれた。そこには、ゲームでは敵チームであったが、山川家と旧知のプリスロー大統領補佐官からのお祝いのメールも届いていた。
かくして、山川広志、賢二、海人達が考え出し、広めたフリー・サッカーは、今日も全世界でプレーの花が咲き、観衆を酔わせている。ビバ！　フリー・サッカー。

（お断り：選手名は、本SFにおける小説上の名前です）

野球

特に日本において野球は歴史も長く、人気も高い。

ただ他のスポーツの進出に押され気味だ。もっとドラマ性や個性（個人の責任）が追求されてよい。そんな視点でプロ野球のペナントの優勝を左右する「引分け」の価値を高めたい。また、リリーフが打たれても、打たれた者ではなく降板した投手が被る可哀想な「自責点」についても、真の責任を追求したい。

「引分け」の価値を高める

プロ野球では、引分けの数え方いかんでは、大きな結果（優勝チーム）が変わっていたのだ。

大仰に、いわゆる「引分け」の有様を、五〇〇年を遡り、「歴史の舞台」で見てみよう。

「川中島の戦い」とは、戦国時代に武田信玄と上杉謙信の間で、主として川中島を戦場に争われた五次に及ぶ決戦である。いずれも明確な決着はつかなかった。だが両者の戦いは、戦国時代を表す著名な決戦である。勝敗がつかなかったという点では「引分け」であるが、決して無意味な凡戦ではなく、**歴史に残る戦であった**。

スポーツの世界で引分けは頻出する。スポーツごとに引分けの評価は異なるが、一般的には勝負を明白にすることの多いスポーツにとって、

引分けは双方にとって低評価であったり、ガッカリであったりすること
が多い。ＭＬＢ（いわゆる大リーグ）では、引分けを嫌い、再試合で決
着をつけるのが基本である。

**だが試合を精いっぱい戦い、引分けた時、それは徒労に終わったのか。
決してそうではない。共に戦い、結果がルール上同等の評価を得る「引
分け」だったのだ。双方が引分けという「成果」を獲得したのだ。**引分
けは大きな財産である。そんな視点から、現在は勝率算定から除外する
日本のプロ野球における「引分けの意義」に、もう一度スポットライト
を当てたい。

一、スポーツにおける引分け

試合において引分けはどんな意味を持ち、世間はどう評価するか。試合である以上、勝ち負けはつきもので、はっきりした方が見ている者にもスッキリ感を与えることが多い。

だが、日本の伝統的文化は、必ずしもそうではない。このトピックス冒頭で紹介したように、戦国武将の武田信玄と上杉謙信は何度か川中島で相まみえ、決着がつかず引分けに終わっている。

また、日本の古来よりの生活・文化には、いろいろなことが曖昧で決着を明確にしない方が良いという思考もある。この方がスムーズに社会・人間関係が運ぶという生活の知恵であろう。

ただ、スポーツは勝負事である。まして、プレーやルールも国際化され、種目によっては賭け事の対象にもなっており、悠長なことを言っておられない状況もある。

一般的にスポーツで引分けは、どう対処されているであろうか。

◇

どんなスポーツでも、トーナメント試合は、その性格上決着をつけざるを得ない。したがって、引分けは、再試合なり、複数試合のトータル得点なりで、次の戦いの進出を決めている。

また、ゴルフのストローク・プレーのように、順位を決めなければならない試合は、上位に限って、プレーオフのシステムを設ける。

引分けの扱いは、スポーツの競技・大会により様々であるが、典型的ないくつかの例を見る。

「サッカー」大会により扱いは異なる。試合における点数の少ない競技なので、引分けには重要な意味がある。最も大きな大会であるW杯の予選は、勝ち点制を採用し、勝ちチームに三、引分けに一の勝ち点が与えられる。引分けは勝利に比べ勝ち点が大きく劣るが、それでも引分けにプラスの評価を与えていることになる。

「ボクシング」 プロボクシングにおいては、KO・TKO、反則、早いラウンドでの負傷などを除く判定では、原則的に各ラウンドの得点合計により勝敗が決する。同得点による引分けも十分ありうる。試合は引分けを含めそれで決するが、タイトルがかかったチャンピオン防衛戦では、引分けはチャンピオンが防衛するルールである。

「テニス」 ダブルスを含む個人戦では、既定のゲーム数（タイブレークの場合はポイント数）を取った者（チーム）がセットを取り、既定のセット（二または三セット、大会により一セット）を先取した者が勝者となり、引分けはない。

「その他のスポーツ」 バレーボール、卓球等にあっては、特殊な場合を除き、ジュースによるゲームの延長はあるものの、引分けはない。

柔道、剣道等のコンタクト・スポーツにあっては、延長等により決着をつける方向にあるが、引分けがルール化されている場合もある。

おしなべて勝負をつけることが求められる競技にあっては、基本的に引分けを避けるか、引分けに相応の価値を認めている。

二、プロ野球における引分け

現在の日本のプロ野球ルールでは、引分けは勝率算定にカウントされない。**勝率＝勝ち数÷（試合数－引分け数）**である。

現在コロナ禍の後遺症もあって、延長回数や試合時間に制限が設けられているため、引分け試合は多くなる傾向にある。このように引分け試合が勝率に直接関係しない（順位を決める場合影響してくるが）ので、試合が引分けで終わると選手もファンも気が抜けてしまう傾向にある。

一方米国大リーグでは、かつては延長回数も長く、決着がつかない場合は再試合を行うことが通例であったが、現在はタイブレーク制が導入されている。どうしても決着をつけたい意向を反映している。

◇

このように日本では、引分け試合が一見軽視されているように見えるが、この引分けの多寡や有様が優勝に決定的に影響したことが、過去に何度かある。

【事例一――一九八二年セ・リーグの中日ドラゴンズ】

この年中日は、勝ち数が三位だったにもかかわらず、引分けがダントツに多く、優勝にこぎつけた。稀有のケースである。

優勝	中日ドラゴンズ	六四勝四七敗一九引分け	勝率・五七七
二位	読売ジャイアンツ	六六勝五〇敗一四引分け	勝率・五六九
三位	阪神タイガース	六五勝五七敗　八引分け	勝率・五三三

【事例二――一九八八年パ・リーグのロッテ対近鉄最終戦】

引分けが、極めてドラマチックな結果をもたらした実例である。この年パ・リーグの優勝争いは西鉄と近鉄の二チームに絞られ、一位の西鉄は全日程を終了していた。追う近鉄は、最終二戦のロッテに連勝すれば逆転優勝という状況だった。この連戦、第一戦は近鉄が勝ち、全ての結果が第二戦にかかった。第二戦はもつれて延長戦になる。当時延長は一二回まで、また試合が四時間を経過した場合は新しいイニングに入らないというルールだった。この試合は同点のまま、一〇回裏に四時間を経過し引分けて近鉄は万事休すとなり、西鉄が優勝という漫画のような劇的幕切れだった。当時人気はセ・リーグが優越していたが、この試合にかじりついていた人は多い。

優勝　西鉄ライオンズ　　七三勝五一敗六引分け　勝率・五八九
二位　近鉄バファローズ　七四勝五二敗四引分け　勝率・五八七

【事例三――二〇二一年セ・リーグのヤクルトスワローズ】

この年ヤクルトは、勝数で下回るも、現行ルール下で引分けの多さが利いて優勝した。前二例の再現である。

優勝	ヤクルトスワローズ	七三勝五二敗一八引分け	勝率・五八四
二位	阪神タイガース	七七勝五六敗一〇引分け	勝率・五七九

◇

このように引分けは、順位の算定に大きく影響したことがあるが、勝率から除外する考えは、どこまで合理性があるだろうか。

結論から言うと、筆者は極めて不合理と考えている。ルールやシステムの妥当性を考えるとき、極端なケースを考えると、そのルール、システムの不合理性が露呈する。

A、B二チームがあり、一〇試合経過したとする。Aチームは殆どの試合が引分けで一勝九分けであった。殆ど相手と互角だったとみることができる。

Bチームは九勝一敗で、その一敗も不運な太陽安打が絡むもので、他の九勝は圧倒的な勝利だった。投打とも抜群のチームである。

この時現行ルールで順位はどうなるか。Aチームは勝率一〇割で、勝率・九〇〇のBチームの上をいく。このような順位付けに納得できる人は皆無であろう。ルールがおかしいのである。

◇

こんな極端な例証によらなくても、直感的に現行ルールの不十分さを指摘できる。引分け試合は、チームの勝敗に不算入でノーカウント（試合がなかったと同じ）になってしまうが、個人の記録は勿論残るという乖離がある。

さらに心理的にもっと大きいのは、勝率に影響しないということで、選手にとってもファンにとっても、九イニング戦ったことが「くたびれ儲け」になる印象をぬぐえないことである。

三、改善案

そこで筆者は引分けに相応の価値を認めるルール化を提案する。それは**引分けを「〇・五勝〇・五敗」として勝率算定に含める**、というものである。

実はこのことは目新しい提案ではない。かつてこの方式で勝率を算定していた時代があった。セ・リーグは一九五六年から六一年、パ・リーグは一九五六年から五八年及び六一年に実施された。

なぜ現行制度に移行したか。おそらく〇・五勝というような端数が煩わしいと考えたこと、引分けの意義を十分理解しない人が考えたこと、科学的・合理的であるよりも割り切りを優先する人が考えたこと、と断じておく。

「〇・五勝〇・五敗」ルールでは、先の事例はどうなるか。

【事例一】中日　七三・五勝五六・五敗
巨人　七三勝　五七敗

勝数が少ないなど後ろ指をさされず、中日の堂々たる優勝である。

【事例二】西鉄　七六勝五四敗
近鉄　七六勝五四敗

同勝率で、同点決勝戦が行われることになる。

【事例三】ヤクルト　八二勝六一敗
阪神　八二勝六一敗

こちらも同率で、同点決勝戦が行われることになる。

【事例二】【事例三】とも同点決勝戦が行われていれば、球史に残る盛り上がりを見せていたかもしれず、残念である。

◇

この「〇・五勝〇・五敗」の提案は、「引分け試合の意義を評価し、勝率算定に算入する」という点に最大の意義がある。

巷でよくみられるが、勝利を一勝とし、引分けを〇・五勝とするだけでは合理性に欠ける。**仮に一〇〇試合全部引き分けた場合、五〇勝〇敗でなく、五〇勝五〇敗と算定することに、妥当性、合理性がある。**

私の提案は、かつて採用されたことがあるくらいで、この案に言及されたスポーツライターの方もおられるようである。ただ、その合理性、科学性まで言及されたものは寡聞にして知らず、世論喚起に至っていない。

アウトやセーフ、ストライクやボールの判定ルールと違い、日本独自の見解で構わないはずである。コミッショナー等早急な検討をお願いしたい。

引分けは「くたびれ儲け」ではなく、**「互角に戦った立派な証し」**という意義を勝率算定上も与えてほしいと、引分けに代わって切に願っておく。

「自責点」の、本当の責任は？

二〇二一年は、スーパースター・大谷にとって悔恨の一年だった。

投手として九勝二敗、防御率は三・一八だった。打者としてはホームラン四六本、シーズン終盤までトップを走った（最終三位）。

投手としても九勝は及第点であろう。だが、途中まで好投するも、イニング途中に打たれて降板し、**リリーフが打たれて勝ちを逃す**というもどかしいシーンが何度もあった。二刀流を標榜する大谷にとって九勝二敗、防御率三・一八は、我慢のならない数字である。

防御率三点台は、超一流の投手の数字ではない。これが彼の真の姿を表しているか？　否、である。

自責点のカウントのルール自体に疑問がある。自分が残塁者を残し降板し、リリーフが打たれた失点が可哀想にも**全て降板者の「自責点」に**

なる。自分が残した残塁者がホームインすれば、全て自分の責任になる。自責点をもう一度原点に戻って考えてみよう。私が提案する真の「自責点」のカウントによれば、大谷は二点台の自責点になる。

私は大谷のためにこの提案をしているわけではない。大谷のこのシーズンのパフォーマンスを借りて、全ての投手にとって真の意味での「自責点」を問い直したい。

一、大谷に見る自責点の怪

前例がないことを否定すれば、革新は生まれない。

大谷の二刀流を当初は多くの専門家が「プロでは無理……、大リーグでは無埋……」と否定し、今は逆にその成功を見るまでに、変貌した。

大谷は、「投手が降板後もＤＨとして残れる」というルール変更まで、大リーグで成し遂げたが、もっと大きなルールの不合理まで浮き彫りにした。それが「自責点」である。

自責点は、読んで字のごとく、投手が自分に責任のある相手の得点である。安打、犠打、四死球、暴投、ボーク、野手選択、盗塁等により相手の出塁者が得点した場合、これらを与えた（被った）投手に課される「点」である。

しかし、本当に「自分の責任」のみなのか、大谷が投手として悔しい思いをした二〇二一年を振り返り、実証する。

◇

大谷は、二二年度あと一歩のところで一〇勝できず、九勝にとどまった。防御率も三・一八と出色の出来とはいえなかった。

本塁打を四六本も打ったので、二刀流とはいいつつ、投手大谷の打撃の方にファンの目がいってしまった。

彼の防御率が三点台になってしまったのも、防御率を導き出す「自責点」の算出方法に大きく関係している。

彼が防御率を悪くしてしまった原因を作った試合が、少なくとも三試合ある。ここでのメイン・テーマなので、実況中継よろしく、具体的かつ詳細に見ていく。

【第一、五月二八日対アスレティックス戦、一対三で負け】

（大谷七回）それ迄一点に抑えていたが、この回乱れた。

五番ローリーにストレートの四球。続く六番モアランドにフルカウントから連続四球。七番チャップマンに甘く入ったスライダーで三遊間を破られ、一失点（本日二失点目）。ランナー二人残してここで降板。

リリーフ投手が打たれ、さらに相手は一点追加（大谷の自責点）。

この日の大谷は、六回と〇アウトで失点三、自責点三となる。

【第二、六月三〇日対ヤンキース戦、一一対八で勝ち】

ニューヨーク初デビューとなった三連戦での最初の二試合で、打撃では大ホームランを打ちニューヨーク子の度肝を抜いたが、三戦目のこの日ピッチャーとしては魔の日となった。

（大谷一回）一番ラメーヒュー、二番ポイト、三番サンチェスに三連続四球で、いきなり無死満塁の大ピンチ。

四番スタントンに左前に痛烈なタイムリーを打たれ一失点。

続く五番トーレスにも左前にタイムリーを打たれ二失点目。

六番オドは三振でやっと一死。

七番アンドゥハーには詰まらせた三ゴロで三塁走者生還し三失点目、一塁アウトで二死二、三塁のピンチが続く。

八番フレージャーに死球で二死満塁。制球が定まらない。続く九番ガードナーにストレートの押し出し四球で四失点目。なお満塁。さすがにマドン監督もマウンドに向かい降板を告げる。**ここでスレガースが急遽リリーフ。走者一掃の二塁打を許してしまう。**（算定規定により）**大谷の自責点・失点とも七点。投球イニングは〇回二アウトのみ。**

このダメ試合により、大谷の前日までの防御率二・五八が一挙に三・六〇まで下がり、二流投手並みの数字になってしまった。

大谷はそれでも健気に「次回リベンジしたい」とコメントしているが、全く悪夢のようなマウンドだった。**ヤンキースファンは「やっぱり大谷の二刀流は無理ね、ベーブ・ルースと比較するなんて一〇〇年早い」**と留飲を下げた。

【第三、九月一〇日対アストロズ戦、五対一〇で負け】

オールスター戦明けの後半、大谷のホームランバットは一挙に湿りがちになるが、ピッチングの方は運も味方し、勝ち星を重ねていく。ただし、この日は後半戦では最悪に近かった。

（大谷四回）七番ディアスに死球。八番マコーミックに左前安打を打たれる。九番マルドナドに初球暴投で二、三塁に進塁。一飛に打ち取る。一番屈指の強打者アルトゥーベに左前タイムリーを許す。大谷は三回までに三失点しており、これが四失点目。監督も大谷の本日の出来を見限り、降板を促す。一死でランナーは一、三塁に残る。

リリーフはワンツが登板。救援代えの効果なく、後続打者に二塁打を打たれ、大谷が出した走者二人は全員生還（六失点目）。その後もタイムリーヒット等が続き、エ軍はこの回六点を失う。四回までで計九失点。

大谷は算定規定により自責点六、失点六。

前日まで二点台（二・九七）だった防御率も一挙に三・三六まで下がる。

以上典型的な三試合を見た。いずれのケースも大谷がイニング途中で走者を残して降板し、リリーフ投手が打たれて走者が生還し、算定規定から大谷の失点、自責点としてカウントされ、著しく防御率を落としたケースである。

二、失点、自責点の算定

失点、自責点とはどのようなもので、どう算定されるか。野球のルールブックを基に吟味しよう。

「**失点**」とは相手チームに得点を許すことだ。相手チームが得点すれば、チームと投手に失点が記録される。どの投手に失点が記録されるかは要注意である。イニング途中で投手交代があった場合、失点が記録されるのは得点したランナーを出塁させた投手である。**打たれた（得点の直接要因となった）投手ではない。**ここがポイントである。

「**自責点**」は、一で先述したが、投手が自分に責任のある相手の得点である。安打、犠打、四死球、暴投等により相手の出塁者が得点した場合、これを与えた（被った）投手に課される「点」である。

自責点の算定では、二つの留意が必要である。一つは、失点と同様、投手交代があった場合、相手が得点したランナーを出塁させた投手に記録される。

二つ目は、味方に失策等があり、通常ならば三アウトになっていた場合（その失策が〇アウト、一アウト、二アウトのどこで生じたかにかかわらず）、その後の相手の得点に際し、投手に失点は課されるが、自責点は課されない（リリーフ投手は別）。三アウトになっていれば生じなかった相手の得点との解釈からである。

◇

典型的なケースで具体例を示す。

（例一）　投手甲が登板。相手Aがヒット。相手Bが四球で一、二塁。相手Cのゴロを味方がエラーし満塁。相手Dが三振で一死。相手Eがライトフライで二死。相手Fがホームランで四点。相手Gが三振でチェンジ。

このケースで甲は失点四、自責点〇となる。

（例二）　投手甲が登板。相手Aがヒット。相手Bが四球で一、二塁。相手Cのゴロを味方がエラーし満塁。

ここで甲は降板し、乙がリリーフ。相手Dが満塁ホームランで四点。その後乙は相手三人を抑え、チェンジ。

このケースで、甲は失点三、自責点三で、乙は失点一、自責点一となる。

ホームランは乙が打たれたが、失点・自責点はランナーを出塁させた甲が、「出塁者の生還に係る全失点」を負う。

極めてシンプルなケースを例示した。実際にはより複雑なケースも多く、記録員の判断による場合もある。ただ筆者の自責点についての論旨に関わるのは、こうしたシンプルなケースで十分である。

◇

相手の得点を、打たれた投手ではなく、出塁させた投手の責に帰する（カウントする）のは、一見合理性があるように見える。

ただ、イニング途中で交代を命じられた投手は、ベンチに戻り、グラブを床やベンチに叩き付ける。しばしば自分の不甲斐なさに腹を立てる場合もあるが、〈何でここで交代させるのだ。もっと投げられたのに〉という思いも強いだろう。リリーフ投手が傷口を一層深くした（打たれた）場合など、尚更のことだ。満塁で降板し、**リリーフ投手が浴びたホームランで自分が三失点する**なんて、信じられない思いもするだろう。

野球のルールと言えば確かにルールである。だが、筆者はそのルールの合理性・妥当性を問おうとしている。

◇

野球の同一イニングで投手交代が起きた場合のように、社会一般で組織や仕事の運営の中で、人の交代があった場合――社長でも、部課長でも、担当者レベルでもいいが――前任・後任者の責任と評価はどうなっているだろうか。

人の交代があった場合の責任と評価の一般論を、読者も一緒に考えてほしい。後任者は、前任者の作ったルール、人事、枠組み等の功罪（良い点、悪い点）の影響をモロに受けるが、結果責任を問われるのは後任者であることが多い。前任者は後任者の出来・不出来に対し、結果責任を問われる割合ははるかに少ない。すなわち、後任者は、前任のアドバンテージ、ハンディを負うリスクがあるのに対し、前任者は結果責任からはフリーである（免れる）ことが多い。このようなことは、（行政の）予算執行でもよく現れる。年度で責任者が交代した場合、前任者が作った予算を後任者が執行するが、結果責任を問われるのはほとんど後任者である。

卑近な例で考えると分かり易いかとも思い、こんな事例を出してきた次第である。

◇

話を野球の自責点に戻そう。同一イニングでの交代に限定し、前任・後任を現実的に先発・リリーフということにする。

先発はリリーフの出来・不出来に大いに影響され、その結果責任をモロに受ける。**リリーフがホームランを打たれれば、自分の残したランナーは全て自分の責任になる。**打たれた他人の責任は負うが、リリーフの得たアウト（成果）は、当然のこととしてカウントされない。

一方リリーフは、先発の影響を（自責点という面からは）全く受けない。自分の出来・不出来のみが自身の自責点に関わる。

こうしてみると、自責点に関しては、リリーフ（後任者）は一〇〇％の主体性がある（自分で出した走者のみ責任）のに対し、先発（前任者）は主体性がなく失点のリスクのみ抱えることになる。

自責点の観点からは、先発はリリーフに比べリスクが大きい、と筆者は断じて置く。

なお、二〇二一年に大谷は、勝ち投手の権利を留保しながら（五回を投げ切り味方がリード）降板し、**その後のイニング**に不甲斐ないリリーフが打たれ、勝ち星を失った試合が何試合かあった。こちらの方が一般のファンには強く印象に残ったと思う。この件は勝ち投手の権利の決め方やチーム力に関する問題で、筆者が問題提起している同一イニングでの交代に伴う「自責点」の問題ではない。こちらへの不満は、先発・リリーフ陣の総合力という観点から、読者にはお考えいただきたい。

三、改善案

自責点を、真に自責点足らしめるために、ルール変更の提案をする。

先発が満塁のランナーを残し降板し、リリーフが打たれたとする。この時先発の自責点は、三塁走者の生還に対し3／4点、二塁走者の生還に対し2／4点、一塁走者の生還に対し1／4点とする。**「自分の残した負い目を正しく負担する」**という理屈である。

他方リリーフ投手は、三塁走者の生還に1／4点、二塁走者の生還に2／4点、一塁走者の生還に3／4点を負う。リリーフ投手に関しても**「打たれた責任を正しく負担する」**という考え方である。ちなみに、満塁でリリーフした投手がホームランを打たれれば、先発の自責点は現行では三点であるが、新方式では1と1／2点になる。（この際リリーフ投手の自責点について、新方式の点をカウン

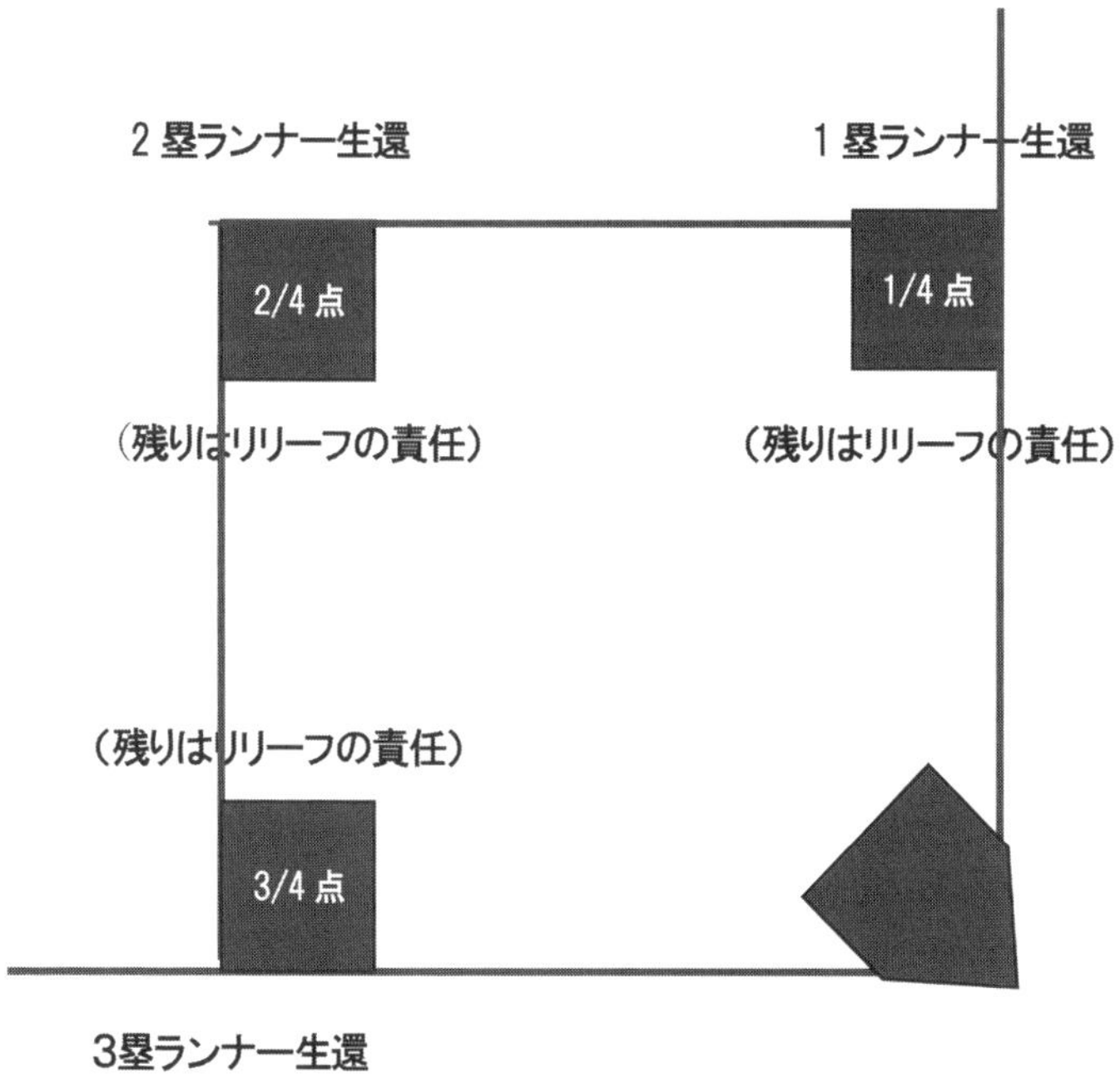

降板した投手のあるべき自責点
（リリーフが打たれ失点した場合の責任点）

トするかについては、リリーフの不利の軽減という観点から、加算しないという考え方もある)

ここでは満塁の事例としたが、リリーフ時の残塁が一、二、三塁いずれでも、考え方は同じである。

この新方式による点の分数表示が煩雑で細かすぎないかという意見もあろう。ただ現代のデータ野球では、様々な数値が細分化され、打率、勝率は何割何分何厘何毛まで求められることもしばしばである。この提案の分数表示(〇・五などと表示しても良い)程度は、投手の真の負担への是正という「功」に比べれば煩雑という「罪」は許容すべきものと言える。

◇

この新方式を先の大谷のケースに適用してみよう。

【第一　対アスレティックス戦】自責点が1/2点減る。

【第二　対ヤンキース戦】自責点が1と1／2点減る。
【第三　対アストロズ戦】自責点が1点減る。

この三試合のみで、自責点は合計三点減る。このシーズン大谷の年間自責点は四六（投球回一三〇1／3）、**防御率は三・一八であるが、新方式での防御率は二・九七となる。**「たかが三点減と笑うなかれ」、防御率二点台の投手と三点台の投手では、印象に雲泥の差がある。三割バッターと二割バッターほどの違いと言ってもいい。

誤解してほしくないのは、この提案は大谷のためにしているわけではない。分かり易い実例が、まさしく大谷にあっただけである。先発投手の自責点のあるべき正当な算定と評価のため、より合理的でフェアなルールとして、日米のコミッショナーや専門家を含む多くの野球関係者に検討していただきたいと思う。この改革がなされれば、これが真に**「大谷ルール」**として語り継がれよう。

テニス

テニスは全世界に普及しているスポーツだ。
日本では、「見るスポーツ」としての人気は実際に「プレーするスポーツ」としての人気を大きく下回る。
見ていて冗長に感じる点や、著名選手に慢性的原因のケガが多いのは、メジャー大会で実施される「五セットマッチ」に一つの要因があるように思う。選手、観客、伝えるメディアにメリットになり、時代に即したよりビビッドなゲーム展開となるような「五セットマッチの見直し」が必要である。

「五セットマッチ」を見直す

男子のメジャー大会とデビスカップに限った話であるが、五セットマッチが行われる。

最長では、三日にわたり十一時間もかけて試合が行われた記録がある。こうした長時間試合は、様々な弊害を生んでいる。

何よりメジャー大会では、一日に何試合も予定が組まれるが、第二試合以降の開始時間・終了時間が読めない。プレーヤーの準備は勿論のこと、観客も試合対応が難しい。TV局等はライブでの放映に難儀することおびただしい。

また選手にとって、怪我の心配が加速する。五時間もファイトし、翌日や翌々日に次の試合が組まれるのだから、万全な体調で臨むのは無理な話だ。日本に百年に一度現れるか否かの天才プレーヤー・錦織選手も最近怪我による体調不全が続き、ここ一両年は大会にすら出ていないが、若い頃五セットマッチが続いたことが遠因となっていることは想像に難くない。

この選手、観客、メディア等にとって不都合の多い五セットマッチは、早急な見直しが必要だ。

日本はメジャー大会を開催しておらず、関係ないとタカをくくってはいけない。伝統的な縛りの多いテニス界をもっと開放的で時代に即したものになるよう、国際社会に働きかけていくことも、テニス愛好者の多い日本の大きな課題だ。

一、五セットマッチと試合時間

男子テニスでは、メジャー大会（全豪、全仏、全英、全米）、デビスカップが五セットマッチである。当然試合時間は長くなる。

長時間試合時間のベスト・テンを取ってみると（別表、男女含む）、六試合がデビスカップ、三試合がメジャー大会であり、唯一女子の三セットマッチが一試合含まれている。これらはいずれも六時間を超えている。試合をしたプレーヤーの疲労度は想像するに余りある。テニスは、ポイント、ゲーム、セット間の休憩時間が少ないスポーツで、ほぼ六時間以上お互いに打ち合っていたことになる。気力でその試合は乗り切ったとしても、体の負担は確実に後日に影響する。

試合時間の最長の記録は、十一時間五分である。二〇一〇年ウィンブルドン一回戦でのアメリカのジョン・イズナーとフランスのニコラ・マウ選手の一戦であ

(表) テニスの長時間試合ランキング

1	11時間５分	2010年ウィンブルドン男子Ｓ１回戦	イズナーvsマウ
2	７時間２分	2013年デビスカップ１回戦チェコvsスイス	ベルディハ組vsワウリンカ組
3	６時間43分	2015年デビスカップ２回戦アルゼンチンvsブラジル	マイエルvsソウザ
4	６時間36分	2018年ウィンブルドン準決勝	アンダーソンvsイズナー
5	６時間33分	2004年全仏オープン１回戦	サントロvsクレメント
6	６時間31分	1984年セントラル・フィデリティ・バンルズ国際１回戦	ネルソンvsヘプナー
7	６時間22分	1982年デビスカップ準々決勝アメリカvsスウェーデン	マッケンローvsウィランダー
8	６時間21分	1987年デビスカップ、ワールドグループPOドイツvsアメリカ	ベッカーvsマッケンロー
9	６時間20分	2002年デビスカップ準決勝アルゼンチンvsロシア	カー組vsカフェルニコフ組
10	６時間15分	1980年デビスカップ、アメリカゾーン決勝アルゼンチンvsアメリカ	クラークvsマッケンロー

(注) 対戦は、先頭に記した選手が勝者

る。この試合は、何と三日間にわたって行われ、最終セットのゲームカウントは七〇対六八というラグビーやバスケット並みのとんでもないスコアであった。通常一セットは六〜一三ゲームであるのに対し、最終セットだけで一三八ゲームが消費された。試合時間も一セット通常は三〇分程度であるが、この試合は最終セットだけで八時間以上かかったと報告されている。

勝ったイズナーは疲れもあったのであろう。二回戦では一時間一四分で負けてしまうという余談迄残している。

こうした事例もあって、現在のウィンブルドン大会では、最終セットにタイブレーク方式が採用され、恐らくはこんな長時間試合は再現しない方式が取られている。

二、五セットマッチの課題

テニスの試合は元々時間制限がない。三セットマッチでは、通常プロレベルの試合では一〜二時間の消費が普通である。五セットマッチの試合では、三セットのストレート勝負と五セットのフルセット勝負では勿論異なるが、一時間半〜三時間くらいが普通である。

五セットマッチの試合は、試合が長時間になることに起因し、様々な課題を惹起している。それは、プレーヤー、観客、運営サイド、メディア等に及ぶが、大きな課題に絞ってお話しする。

(一) 終了時間が読めず、プレーヤー、観客、メディアはその対応が難しい

メジャー大会では、同一コートで一日に何試合も組まれるが、第一試合以外は開始時間・終了時間が読めない。

この点は、先ず『**プレーヤー**』に負担になる。臨戦への体や食事の準備が不安定になる。

『**観客**』にとっても不安要素になる。会場（更には試合コート）への足、帰路の準備等を考えねばならない。更に冗長の試合では「見る疲労」も加速してしまう。

一番対応が困難なのは、テレビ等の『**メディア**』であろう。特にライブ放映では、目玉試合の放映時間が不定では番組編成に大きな苦労を伴う。開始時間や放映枠の確保など頭の痛いことと思われる。

スポーツの人気はメディアの取り上げ方によるところが大きい。人気選手、スターの輩出が不可欠であるが、これもメディアの取り上げ方と「ニワトリと卵」（どちらが先か）のごとき関係にある。

こうした関係があるにもかかわらず、時間の関係からはテレビ放映と相性が良くない、コンテンツとして難があるとなると、その人気に大いに影響してくる。情報化時代の進展という社会背景を考慮すると、五セットマッチについて見直すことは関係者の急務といえる。供給側（運営主体）の論理だけでなく、需要側（観客、メディア）の論理にもっと耳を傾けるべき時代である。

(二) 怪我につながるリスクが高い

昨今名選手に怪我が多い。かつてビッグ・フォーと呼ばれ一時代を築いたグランドスラマー達が、時期こそ違え皆病院送りになった。

先ず英国のマリーが長期離脱した。すでに引退したが、無理のないフォームで強靭な体躯を誇るフェデラーも故障した。ナダルも長期離脱し、食生活に特別な配慮をしているジョコビッチも一時故障した。これらの選手は全盛期には怪我と全く無縁な振る舞いで、年間四回のグランドスラムの決勝近くまで残り、多くの五セットマッチをこなしてきた。

日本の天才プレーヤー錦織も、百年振りの記録を引っさげ一時大活躍したが、近年は股関節、膝、手首と連鎖のように次々故障に見舞われ、ここ数年はほとんど大会出場もできていない。

テニスは格闘技のようなコンタクト・スポーツではないし、同じ球技でもラグビー、サッカー、野球と違い、相手との接触プレーは原則としてない。にもかかわらず故障者が有名選手を中心に多いのは、過酷な出場義務のある年間出場試合数の多さや、その試合内容に関係している。

先述したような有名選手ほどメジャー大会で五セットマッチの試合を重ねる機会も多く、こうした環境が永年継続したことが、選手たちの怪我に直接・間接に結び付いたことは疑いない。

サッカー等は「偶発的な」接触プレーで大きな怪我が生じているが、それがないテニスで、肘、手首、膝、股関節といった部位で自損的な怪我が多いのは、「永年の」体の酷使によるものであることの明白な証左といえる。

五セットマッチは、かつて二〇一二年の全豪の決勝で、ジョコビッチとナダルが対決し五時間五二分にわたり死闘を繰り広げた歴史に残る一戦（ジョコの勝利）もあるが、メジャー大会一、二回戦では、観客がうんざりするような冗漫な争いも散見される。

選手の健康を考える時、五セットマッチは検討し直すべき時に来ているのではなかろうか。

㈢ スポーツにおける多様化、時間制限、時短要請

スポーツのルールも、時代の要請を受け、変遷している。

一つは、多様化の要請であり、体操・フィギュアスケート等美や技を競う競技においては、一定時間の中でバリエーションと難度の高い技を求められ、そのレベルが高度化している。五セットマッチのように**一見単調で変化の少ないパフォーマンスの繰り返し**は、好まれない傾向にある。

二つは、時間を意識した時間制限、時短の要請である。この点はＭＬＢ（メジャーリーグ野球）で顕著で、ピッチクロック（一定秒数内の投手の投球）、牽制数制限等が最近ルール化され、試合時間の短縮化を志向している。バスケットボールでは、かなり以前から、攻撃時間を規制し冗長なパスの繰り返しに歯止めをかける等スピード化を図っている。

このように他のスポーツにおいては、時代の要請に応える形で、同じプレーの繰り返しを避け試合をスピーディなものにする様々な工夫が試みられている。

三、改善案

このように大きな課題を持つ五セットマッチの現行方式は、早急に見直す必要があり、その方向性に二つの大きな考え方がある。

一つは、簡明に五セットマッチの廃止である。いままで見てきたように選手の健康面からも、興行的にも問題の多い五セットマッチを、メジャー大会だからと格式張らず、スパッと廃止するのである。

当然試合は時短化される。同時に一ポイントの価値は増す。それだけ緊張感に満ちた試合が増大することが期待される。

三セットマッチでは、一〜二時間の試合が主流になる。物足りないと思う選手、観客がいるかもしれないが、多くの大きな大会も三セットマッチなのだ。

話は飛躍するが、陸上の一〇〇m競争は一〇秒ですべてが決まる。だからと

いってこのレースを軽んじる者はいない。緊張感を高めれば、十分に試合として
プレーヤー、観客に充足感を与えられるはずである。

二つは、五セットマッチの形を変えて実施するのだ。

（二の二）は、一セットを四ゲーム先取とする。これで五セットマッチとする。
四ゲーム先取といっても、現行方式に準じて、四－四の時はタイブレークとする。
この方式では、試合を通じて最低でも一二ゲーム取らねばならず、現行の三セッ
トマッチ六ゲーム先取と同じゲーム取得数になる。所要時間も三セットマッチ並
みであろう。

ただし三セット先取であるので、セット初めの緊張やフルセットの醍醐味は、
現行の五セット並みにあるはずである。

この方式は、実は卓球に採用されている。一ゲーム（テニスでいうセットに準
ずる）二一点先取を十一点先取に変え、三ゲームまたは四ゲーム先取に変えたの
だ。これにより一ゲーム（テニスでいうセット）の緊張感が増し、人気を博して
いる。

（二の二）は、現行の五セットマッチをメジャー大会の決勝、準決勝に限って残すというものだ。

亜流の考え方だが、伝統に叶い、選手の健康面への配慮がされる等のメリットがあり、選択肢としては考えられる。

◇

日本はメジャー大会を主催していない。だからといって傍観者ではいけない。多くの選手を輩出した歴史があり、この五体を十分に使うスポーツを国内でもっと振興させ、世界にも発信していく責任を、関係者（先達、協会、メディア）は負っている。

プレーしても観客としても面白いこのスポーツを国内外でより普及させるため、合理的・科学的システムを世界に向けて発信していくことが急務である。

四、日本におけるテニスの興隆

一見五セットマッチとは関係ないように思えるテニス談議に話を転じたい。そもそもが五セットマッチの見直しの提案は、国内外においてテニスの興隆を図る方策との関わりの中で出てきたテーマである。そうした関連を念頭に、日本のテニス人気の、世界における立ち位置を探ってみようと思う。日本では、児童・生徒・学生等学校に通っている時期にテニスに触れる機会は、サッカー、野球には遠く及ばないが、授業・部活を通じ割合高い方である。

だが諸外国に比しポピュラーなスポーツかというと、必ずしもそうではない。

日本と世界でのテニスの人気を表す良いデータがある。少し古いデータだが、国際的で継続的な共同調査であるＩＳＳＰの国際調査（そのうち一部に別表「テニス愛好度ランキング」）というものがある。

「最もよくするスポーツとしてテニスをあげる割合」は、世界でオーストリア、ベルギー、日本の順で高くなっている。一方「テレビでよく見るスポーツとしてテニスをあげる割合」は、チリ、ベルギー、スイス、オーストラリアの順で、日本は調査三四国中三一位と大変順位が低い。

テニス愛好度ランキング（2007年）

最もよくするスポーツ（テニスがあげられた割合%）

1	オーストリア	2.5
2	ベルギー	2.3
3	**日本**	**2.1**
4	ニュージーランド	2.0
5	オーストラリア	1.8
6	フランス	1.6
7	ドイツ	1.5

テレビでよく見るスポーツ2つ（テニスがあげられた割合%）

1	チリ	36.9
2	ベルギー	30.8
3	スイス	24.5
4	オーストラリア	18.0
5	クロアチア	15.9
	〜	
31	**日本**	**1.6**

ISSP（International Social Survey Program）の2007年「余暇とスポーツについての国際比較調査」による。

（資料）ISSP HP
（注）調査は34カ国
（出典）WIRED2018.6.28からデータのみ引用

日本では「するスポーツ」としての人気が「見るスポーツ」としての人気をはるかに上回る。それにはいろいろな理由があろう。野球やサッカーのような大衆スポーツでないこと、錦織・伊達・杉山・大坂らに続く国際的な選手が出てこないこと、そもそもTVの放映番組が極めて少なく親しみにくいこと……等々である。なぜTVの放映番組が少ないのか。放映しにくく、視聴率も取れないコンテンツだからであろう。

そこでやっと本題（五セットマッチの見直し）に戻ろう。

①「見るスポーツ」としてのポジションを上げる。そのためには需要サイド（観客、メディア）に立った五セットマッチの見直しも一方法である。
②「するスポーツ」と「見るスポーツ」の融合により底辺を広げ、有力選手の輩出と、メディアでの露出を図る。
③日本のテニスの興隆を実現する。

という三段論法になる。時代のニーズに応える一つの方策に過ぎないかもしれないが、五セットマッチの見直しは、日本のテニス界にとっても、やはり不可欠の課題といえよう。

結びに訴えます

サッカー、野球、テニスというメジャー・スポーツで、改善を検討した方が良いと考える課題への提案をしてきました。

昨今の科学技術の進歩はすさまじく、多くの面で従来の考え方を一変してきました。このことはトレーニング方法などで顕著です。

練習中水分を適度に摂取することが推奨される、緩急を取り入れたインターバル運動が重視される、「うさぎ跳び」など膝や腰に過度な負担のかかる運動は敬遠される、計測機器等を用いてより合理的な動きが追求されるなど枚挙にいとまがありません。

用具の進歩や栄養学等に裏打ちされた肉体の改善と相まって、よりスピーディでスリリングなプレーが展開されています。陸上競技などの基礎体力が要求される種目も、「より早く、より高く、より強く」の記録更新が相次ぎます。ある意味、科学技術の成果・勝利でしょう。

こうした事象にスポーツの**あり方やルール**は対応しているでしょうか。科学の進歩によって人類が得た知見を生かし得ているでしょうか。合理性が確保できているでしょうか。時代の要請にマッチしているでしょうか。

そんな「目（視点）」から、サッカーのヘディング、野球の引分け、自責点、テニスの五セットマッチを問題提起させて頂きました。

◇

世の中に**「流行と不易」**という言葉があります。時代の要請に乗った方がいいことと、それでも変えてはいけないものがある、ほどの意味です。「不易」を守ることも大事であり、何事もただ「科学的」だからという理由のみで、全てＯＫとは筆者も考えていません。

サッカーのヘディングは難しい問題です。日本でも蹴鞠が大昔から愛されてきたように、洋の東西を問わずボールを蹴ることは人間の営み（基本動作）の一つでした。このことは否定すべくもありません。その集大成のスポーツとしてのサッカーは愛されてよいものです。

ただヘディングに関しては、そのリスクを指摘する多くの科学的知見がありま す。こうした知恵も借りながら、ニュー・スポーツとしてフリー・サッカーを提案させて頂きました。

ラグビーも、フットボールで球をもって走り出した少年が起源だという説があります。違うスポーツですが、硬式テニスに対するソフトテニスもあります。柔軟な視点でフリー・サッカーにチャレンジしていただき、その利点を享受していただければ幸いです。

◇

もう一点だけ強調しておきます。

世の中のスポーツ、もっと広くエンターテイメントには見て楽しむものと、自ら実施して楽しむものがあります。古来闘牛は見て楽しむものでした。ローマで為政者は「パンと闘牛」を庶民に提供し、人民支配のツールとしました。闘牛士は、皆はなれないが英雄でした。

現在でも、ボクシングやプロレスは、選手になれる人は限られますが、一般市民を熱狂させるスポーツです。これらには「見て楽しむ」技術やルールがあり、それを人々が許容しています。

サッカーはどうでしょう。**見ても、プレーしても楽しいスポーツの最たるものではないでしょうか。サッカーは、極めてリスキーなスポーツであってはなりません。大人も子供も、男性も女性も楽しめる安全で身近なスポーツであっていい筈です。このようなスポーツだからこそ、時代やニーズに即したルールがあるべきです。**そんな「視点」からの提案です。

サッカーだけではありません。野球も、テニスも、その他様々なスポーツを通じて「スポーツ新時代」を楽しみましょう！

（完）

参考資料

【資料1】ヘディング・リスクへの言及記事（グラスゴー大学研究報告関連）
【資料2】失点と自責点
【資料3】2021年シーズン大谷投手成績

【資料1】ヘディング・リスクへの言及記事（グラスゴー大学研究報告関連）

本文でヘディングのリスクに警鐘を鳴らすグラスゴー大学の研究報告を紹介した。報告以降、多くのメディア等が、これに関連した記事を掲出した。そのうち特徴的なものを時系列的に紹介する。本資料はそれらを筆者の文責で「抄録」したもので、〈〉で引用した部分は、原文（和訳）のままである。読者は、必要に応じ、原出典に当たられるよう、お願いする。

【1の1】「イングランドの代表OBの妻が夫の神経変性疾患を告白、ヘディングによる脳損傷の理解呼び掛ける」

（出典）WORLD超サッカーWEB2020年2月16日

（記事当時）73歳のデイブ・ワトソン氏は代表通算65試合を誇る元イングランド代表DFで、マンチェスター・シティやサウサンプトンで活躍し、1986年に現役引退した。その妻ペニー・ワトソンさんが現在神経変性疾患を患っている夫について警鐘を鳴らしつつ勇気ある発言をしている。

〈「彼（私の夫）の主治医は、慢性外傷性脳症（CTE）であると結論付けました。重度の脳震盪や、ヘディングを含む頭部外傷による可能性が最も高いとのことでした。」

「彼が調子の悪い日は気をつけてください。記憶に支障をきたすので、物事を正確に覚えていることができないかもしれません。」

「デイブが最後に望んでいるのは皆さんに彼の病気を理解してもらうことです。彼はいつも戦士でした。彼の現役時代を知っている人ならわかると思います。しかし、こればかりは勝てない戦いなのです。」〉と率直に話している。

こうした夫人の告白を掲げたうえで、同記事は元サッカー選手が認知症を発症したのちに死亡する確率は、一般の同じ年齢層の人々に比べて三・五倍高いというグラスゴー大学の研究報告に言及している。

【1の2】「サッカーのヘディングに変性脳疾患発症のリスク、求められる世界的取り組み」

（出典）CNN・エンターテインメントWEB2020年12月28日

この記事は、冒頭1966年W杯決勝に先発したイングランド代表11人のうち、少なくとも5人が、その後何らかの認知症やアルツハイマー病を発症したという衝撃的事実を報じる。

さらにグラスゴー大学の研究報告――元サッカー選手は一般人に比べ、神経変性疾患による死亡率が約三・五倍、パーキンソン病の発症率が二倍、運動ニューロン疾患（MND）の発症率が約四倍、アルツハイマー病の発症率が五倍も高い――を紹介したのち、この報告をまとめた一員であるウイリー・スチュワート博士の意見に言及している。

同博士によれば、この研究成果はサッカーのヘディングや頭部外傷に対するアプローチを変える必要性を示唆するものだと指摘し、この報告の後各国が部分的に対応策を取っていることが不十分との認識から、この問題に国際的規模で取り組むべきと主張する。同時に、博士はこれは認知症を患う高齢者だけでなく、様々な疾患を抱える若者に対しても現実的な問題ととらえるべきと警告している。

同博士は、「サッカーでの頭部に衝撃を受けることの非常に多いヘディングはサッカーの一部であり、その練習もサッカーの一部である」と付け加え、単純な否定ではなく、さらなる研究と議論の必要性を問題提起していると受け止めるのが妥当のようである（筆者・山崎の読後感）。

【1の3】「サッカー界からヘディングが消える⁉ 英国で強まる『撲滅』に向けた動き『元選手がすでに命を……』」

（出典）松澤浩三、サッカーダイジェストWEB2021年4月6日

ヘディングプレーは、サッカーにおいて様々な局面でドラマチックな展開を見せてきたが、将来的にはこのスポーツから消える可能性が出てきている。

グラスゴー大学が行った研究報告を受けて、２０２０年イングランド、スコットランド等の各サッカー協会はヘディングに関するガイドラインを発表し、若年層に対するヘディングの規制に乗り出し、欧州サッカー連合（ＵＥＦＡ）も規制のガイドラインを発表した。

こうした動きの前後に、英国の著名なプレーヤーが（ヘディングが原因かもしれない）認知症等で亡くなっている。すなわち、レイ・ウィルソンが18年に、マーティン・ピータースが19年に亡くなり、20年にジャック・チャールトンやノビー・スタイルスが認知症やアルツハイマー型認知症で亡くなっている。

さらなる事例として元イングランド代表ＦＷのクリス・サットンが同じくサッ

カー選手だった父を長い間の闘病生活の末に亡くし、サッカー協会に対し〈「彼らは十分な対応をしていない。とてつもない大問題を長年にわたって無視し、背を向けてきたのだ。私の父を含めた数百人という元選手がすでに命を落としている。早急に対応しなくてはならない問題だ」〉と痛烈に批判している。

さらに、英国BBCは、18年に米国のブリティッシュコロンビア大学が発表した調査結果を次のように報じたという。

〈「サッカーボールの重さは約500グラム。科学者たちは、ヘディングの際、この重さのボールが最高速度時速128キロで頭にぶつかるとしている。ボールが頭に当たると、頭蓋骨内で浮いている脳が後頭部の骨にぶつかり打撲傷ができる。またヘディングをした後には脳細胞にダメージを及ぼす、たんぱく質の血中レベルが上昇するとの結果が、研究で出た。わずか一回のヘディングで脳に大きな損傷が起こる可能性は低い。しかし、長期間にわたるヘディングが問題を引き起こす恐れはある。」〉とのことだ。

◇

この記事の筆者（松澤氏）は「ここ数年の動きを見る限り、サッカー界の流れは、確実に『撲滅』に向かっているように見えるが、果たして、様々な歴史を描いてきたヘディングがなくなる日は訪れるのだろうか」と締めている。氏は必ずしもヘディングを否定するスタンスでこの記事を書いたのではなく、国際状況を解説する立場の記事と筆者（山崎）は受け止めた。

【1の4】「ヘディング危険？　英・グラスゴー大の研究結果、指導現場に影響」
（出典）中日新聞WEB2021年11月27日

記事を書いた記者の活動エリアと思われる岐阜県各務原市等での取材である。グラスゴー大の研究発表を踏まえ日本サッカー協会（ＪＦＡ）もやっとガイドラインを定めたが、若年層に対し禁止の立場はとらなかった。

小学校四～六年は神経系の発達が著しい「ゴールデンエイジ」といわれ空間認

知などヘディングに必要な感覚をつけやすいとされるが、ガイドラインでは、小学一、二年では「風船」、三、四年では「軽量のボール」を使い、「額でボールをインパクトする」という基本技術の習得に努めるとした。

こうした方向に対し、井森さん（育成年代を20年以上指導）は「子供のうちから感覚をつかみ、恐怖心を取り除くことが大事で、ボールとの距離感や判断力を磨けば怪我の予防にもなる」というヘディング肯定派である。

一方、同県大垣市の小学生指導者の一人は「二年ぐらいヘディングは教えていない。試合で使う機会も少なく、頭に危険が及ぶ可能性があるなら無理に練習する必要はない」と若年層の練習に否定的であり、現役Ｊ２プレーヤーも「早いクロスをクリアするとき、頭のてっぺんで当ててしまうとクラっとする」と明かすという。このように現場の対応は指導者などで異なる。

東邦大医療センター大橋病院（東京都）脳神経外科で頭部外傷を専門にする中山春雄講師はグラスゴー大の研究結果について「ヘディングが危険という医学的根拠はない」という見解に立ち、実際にはヘディングそのものより転んだり競り合いで頭がぶつかる怪我が多く、ヘディングの正確なリスクを判断するには、「サッカーにおける脳震盪の実態把握が重要」と述べている。

◇

指導者、医学専門家にはいろいろな意見があろう。勿論科学的な実態把握が優先されるべきである。ただ若年層や男性に比べ首の弱い女性（医学的データがある）も多く参加するスポーツである。怪我だけでなく、長期的視点からの打撃の蓄積リスクや、より安全サイドに立った対応の必要性を、筆者（山崎）としては感じた次第である。

【資料2】　失点と自責点

（筆者注）野球規則原文は、レアケースが多く、難解ですので、分かり易い解説文によります。

（出典）ＷＥＢ「野球観戦の教科書」（https://base-info.com/）

目次

失点とは？

攻撃チームが得点すると投手に失点が記録されます。

得点方法による制約は無く、攻撃チームが得点すると必ずいずれかの投手に失点が記録されます。

失点は非常にシンプルな記録なので、基本的にはこれが全てです。

ただし、失点が記録される投手の判定方法は要チェックです。

以下では、投手交代時の失点の考え方を解説します。

投手交代時の失点の考え方

失点が記録されるのは得点したランナーを出塁させた投手。

投手交代を挟み、複数の投手がヒットを浴びて得点を許した場合、失点はどの投手に記録されるのでしょうか。

考え方は単純で、失点が記録されるのは得点したランナーを出塁させた投手です。

投手Aがヒットを浴び、ランナー1塁（走者C）の状態で降板したとします。

その後、投手Bが2連打を浴びて走者Cがホームインしたとすると、走者Cを出塁させたのは投手Aなので、失点は投手Aに記録されます。

自責点とは？

自責点の概念は失点に近いですが、失点の中でも投手の責任とされる失点が自責点です。

安打や犠飛、犠打、四死球が絡んだ失点は投手の責任となりますので、自責点が記録されますが、**エラーが絡んだ場合は自責点は記録されません。**

自責点を理解する上では、この「エラーが絡んだケース」をしっかりと理解しておく必要があります。

注意すべき具体例を挙げておきます。

〈具体例〉

通常なら3アウトチェンジとなるはずの場面でエラーとなった場合、それ以降の失点は自責点とはならない。

2アウトランナー無しの場面でショートのエラーで出塁を許したとします。その後、投手がホームランを浴びて2失点したとしても、自責点は0点となり

ます。（失点は2点が記録される）

本来ならば3アウトでチェンジとなっていたため、投手自身の責任は果たしていたという扱いになるのですね。

なお、投手交代時の自責点の考え方は失点と同じです。

エラーを除く出塁を許した投手に自責点が記録されます。

失点と自責点まとめ

ここまでの内容を箇条書きでまとめます。

- 相手に得点を許せば記録されるのが失点
- 投手に責任がある失点が自責点
- 失点と自責点の違いはエラーの取り扱い
- 失点も自責点も、ホームインしたランナーの出塁を許した投手に記録される

【資料3】2021年シーズン大谷投手成績

試合目	日付	相手	投球回	投球数	被安打	被本塁打	奪三振	与四死球	失点	自責点	防御率	本人勝敗	球団勝敗
1	4/4	ホワイト	4回2/3	92	2	0	7	5	3	1	1.93	−	○
2	4/20	レン	4回	80	1	0	7	7	0	0	1.04	−	○
3	4/26	レン	5回	75	3	1	9	3	4	4	3.29	○	○
4	5/5	レイズ	5回0/3	84	1	0	7	6	0	0	2.41	−	×
5	5/11	アスト	7回	88	4	1	10	1	1	1	2.10	−	×
6	5/19	インディ	4回2/3	72	5	1	5	2	2	2	2.37	−	×
7	5/28	アスレ	6回0/3	93	3	0	5	5	3	3	2.72	×	×
8	6/4	マリナーズ	6回	76	4	1	10	0	2	2	2.76	○	○
9	6/11	ダイア	5回	86	5	0	8	3	2	2	2.85	−	○
10	6/17	タイガース	6回	78	5	1	5	2	1	1	2.70	○	○
11	6/23	ジャイア	6回	105	6	1	9	2	1	1	2.58	−	×
12	6/30	ヤンキー	0回2/3	41	2	0	1	5	7	7	3.60	−	○
13	7/6	レッド	7回	89	5	0	4	0	2	2	3.49	○	○
14	7/19	アスレ	6回	96	3	0	8	1	0	0	3.21	−	×

試合目	日付	相手	投球回	投球数	被安打	被本塁打	奪三振	与四死球	失点	自責点	防御率	本人勝敗	球団勝敗
15	7/26	ロッキー	7回	99	5	1	5	1	1	1	3.04	○	○
16	8/4	レン	6回	86	4	0	6	0	1	1	2.93	○	○
17	8/12	ブルー	6回	99	3	0	6	3	2	2	2.93	○	○
18	8/18	タイガー	8回	90	6	1	8	0	1	1	2.79	○	○
19	8/25	オリオー	5回	84	5	3	7	0	4	4	3.00	−	×
20	9/3	レン	7回	117	7	1	8	2	2	2	2.97	○	○
21	9/10	アスト	3回1/3	77	9	0	1	1	6	6	3.36	×	×
22	9/19	アスレ	8回	108	5	2	10	4	2	2	3.28	−	×
23	9/26	マリナーズ	7回	112	5	1	10	1	1	1	3.18	−	×

（注1）濃い網掛けをした試合が、本文で自責点に課題があるとした日（7、12、21試合目）　（注2）勝敗は、○が勝、×が敗、−が勝敗つかず

（注3）対戦相手　ホワイト～ホワイトソックス、レン～レンジャーズ、アスト～アストロズ、インディ～インディアンス、アスレ～アスレチックス、ダイア～ダイアモンドバックス、タイガー～タイガース、ジャイア～ジャイアンツ、レッド～レッドソックス、ブルー～ブルージェイズ、オリオー～オリオールズの略称

年間トータル成績

防御率	試合数	完投	完封	勝	敗	投球回	被安打	被本塁打	奪三振	与四死球	失点	自責点
3.18	23	0	0	9	2	130回1/3	98	15	156	54	48	46

山崎　征男（やまざき　ゆきお）

現スポーツ・ライター。
自治省（現総務省、地方行政担当）、神奈川県庁部局長歴任。神奈川県庁では教育庁でスポーツ行政責任者・国民体育大会の県団長を経歴。著書多数、近著に『テニス新時代』（神奈川新聞社、2021年）の責任編集。元テニス関係法人理事長。

スポーツ新時代へ

―サッカー・野球・テニスに科学の目《アイ》―

2024年10月29日　初版第1刷発行

著　　者　山崎征男
発 行 者　中田典昭
発 行 所　東京図書出版
発行発売　株式会社 リフレ出版
〒112-0001　東京都文京区白山 5-4-1-2F
電話（03）6772-7906　FAX 0120-41-8080
印　　刷　株式会社 ブレイン

ISBN978-4-86641-817-9 C0095
Printed in Japan 2024